人民语录

Quotations of the People

左手/编著 宋力平/漫画

華文出版社
SINO-CULTURE PRESS

图书在版编目（CIP）数据

人民语录.3 / 左手编著；宋力平绘. -- 北京：华文出版社，2013.10

ISBN 978-7-5075-4091-8

Ⅰ.①人… Ⅱ.①左…②宋… Ⅲ.①格言－汇编－世界 Ⅳ.①H033

中国版本图书馆 CIP 数据核字（2013）第 241924 号

书　　名：人民语录（Ⅲ）
标准书号：ISBN 978-7-5075-4091-8
著　　者：左手 / 编著　宋力平 / 漫画
出版策划：李红强
责任编辑：张力慧　张立坤
形象原创：右手
出版发行：华文出版社
社　　址：北京市西城区广外大街 305 号 8 区 2 号楼
邮政编码：100055
网　　址：http://www.hwcbs.com.cn
电　　话：编辑部 010-63427615　总编室 010-58336239　发行部 010-58336270
经　　销：新华书店
印　　刷：北京盛通印刷股份有限公司
开　　本：787 × 1092　1/32
印　　张：3.75
字　　数：50 千字
版　　次：2014 年 1 月第 1 版
印　　次：2014 年 1 月第 1 次印刷
定　　价：18.00 元

家事国事天下事，事事有理可循；火车汽车自行车，车车有辙留迹。描出辙，说出理，本是寻常事，却又似微言成大义。左手非左手，历历事不虚：读书、做人、条分缕析；当官、处事、风浪逐击；品味人生沉浮，涵咏家常是非，成就这箴言出肺腑，短语寄心迹……

——左手题献

Quotations of the People

目　录

Quotations of the People

立　人

打开人生之锁的四把钥匙：口中有德，目中有人，心中有爱，行中有善。

人总是要吃才会长大，有些人吃的是饭，有些人吃的是亏。

有三件事不能等：孝老、行善、健身。

忍耐是人生的必修课，遗憾的是许多人一辈子都不及格。

快乐法则：不要纠缠于小事，任何事都是小事。

幸福无处不在，但常常供不应求。

人生下来就会哭，笑是后天才学会的。所以，忧伤是一种低级本能，快乐则是一种更高级的能力。

“明天”是个老骗子，他的欺诈却很少被人识破。

人生就像烙饼，只有翻够了回合才能成熟。

人在饿肚子的时候只有一个烦恼，不饿肚子之后却有无数个烦恼。

必然性与偶然性相比，人们更惧怕偶然性。

你喜欢挑战，方法就越来越多；你喜欢放弃，借口就越来越多；你喜欢抱怨，烦恼就越来越多；你喜欢感谢，顺利就越来越多；你喜欢占有，对手就越来越多；你喜欢分享，朋友就越来越多。

“无欲无求乃是人生最高境界”实际上是伪命题，因为无欲无求的境界本身就是一种欲求。

低头走人生的上坡路，抬头走人生的下坡路。

人总是在年轻的时候相信许多假东西，年纪大了又开始怀疑许多真东西。

良心是做人的基石，专心是事业的基石，爱心是生活的基石。

一 点 感 悟

Quotations of the People

修　身

人为善，福虽未至，祸已远离；人为恶，祸虽未至，福已远离。

我们或许成不了大款，但这并不影响我们拥有大爱。

按本色做人，按角色做事。

好说己长便是短，自知己短便是长。

举得起放得下叫举重，举得起放不下叫负重。

一个人无法把脑袋转到背后，所以无法了解到自己的全部。

真正的清水是搅不浑的，搅浑的肯定不是清水。

世界上没有人从小就想当坏人，坏人都是在坏环境中缺乏自律造成的。

人们会赞赏一个陌生人的发迹，却很难容忍一个身边人的晋升。

嫉妒，是一个人发自内心地对另一个人最大的认可。

不得志时别人不知道自己，得志时自己不知道自己。

做事可以兼职，做人必须专职。

贪婪是吃亏的开始。

有些人凭借缺点得势，有些人因为优势失宠。

修养，就是把你的思想感情掩饰到非常自然的地步。

智者以别人惨痛的教训警示自己，愚者用自己沉重的代价唤醒别人。

最好的医生是自己，最好的医院是厨房，最好的药物是饮食，最好的疗效是坚持。

最好的保健是锻炼，最好的养颜是睡眠，最好的养生是放松。

一 点 感 悟

Quotations of the People

处　世

钱能买到的东西，往往都不值钱。

笑，是人与人之间最短的距离。

保持平和心态的秘诀是：好事要往坏处想，坏事要往好处想。

隔行如隔山，隔行不隔理。

意外之财，易生意外。

久利之事勿为，众争之地勿往。

肯低头的人，永远都不会撞到门框。

合作并不意味着没有冲突，却是控制冲突的最好方法。

绝大多数误解是由沟通不够造成的。

只有守得住秘密的人，才能得到更多的秘密。

真正的勇敢包括两个方面：一是迎战不应该害怕的东西，二是害怕应该害怕的东西。

人犯错误的两大原因：一是无知，二是无耻。

健忘是一种病态，善忘是一种境界。

要特别警惕三种人：官不大却特别能办事的，挣钱不多却特别能花的，不太熟却特别能套词的。

一 点 感 悟

Quotations of the People

励　志

世界上没有绝望的处境，只有对处境绝望的人。

我们可以伤心，但不能死心，更不能心死。

关系是泥饭碗，会碎的；文凭是铁饭碗，会生锈的；本事是金饭碗，会升值的。

生活的悲剧，不是受了多少苦，而是无法从痛苦中摆脱出来。

往往被逼上绝路，才会想出绝招。

全世界的黑暗，也不能使一支蜡烛失去光辉。

平庸是活着的死，吝啬是富有的穷。

埋没，对于种子来说则意味着崛起。

树木结疤的地方，也是最坚硬的地方。

逆境是考验，顺境更是考验。

不幸，往往发生在侥幸时。

真理在刚刚问世的时候，大都被视为胡说八道。

一 点 感 悟

Quotations of the People

成 败

奋斗者的幸福是从痛苦起步的，享乐者的痛苦是从幸福开始的。

失败不是成功的反面，而是成功的一部分。

真正的成功是平衡状态：有工作也有休闲，有爱情也有自我，有财富也有健康。

勤劳可以脱贫，智慧才能致富。

没有人计划着失败，但太多的失败在于没有计划。

跌倒不算失败，爬不起来才算失败。

没输过的人，往往会输得一塌糊涂；没摔过跤的人，跌倒了往往爬不起来；什么被你轻视了，什么终会被你看重。

熟悉的日子里，永远不会有奇迹发生。

你对时间越吝啬，时间对你就越慷慨。

一条锁链，最脆弱的一环决定其强度；一只木桶，最短的一块决定其容量；一个人，素质最差的一面决定其发展。

机会就像快速旋转的门，当空档转到你跟前时，你必须迅速挤进去。

与其有钱，不如值钱。有钱的人不一定值钱，值钱的人早晚会有钱。

一步不能登上高山，但一步却能从高山上掉下来。

成功的关键，就在于忍人之所不能忍，容人之所不能容，处人之所不能处。

一 点 感 悟

Quotations of the People

交 友

好朋友就像星星，不一定总能见到，但当你遇到黑暗，他们就会出现。

最成功的交友是化敌为友，最失败的交友是化友为敌。

在朋友的基础上做生意，多半会失去朋友；在生意的基础上交朋友，多半会失去生意。因为交朋友的法则是利他，做生意的法则是利己。

维持友谊需要三点：当面尊重他，背后赞扬他，需要时帮助他。

珍视两种人：一种是只知流泪的人为你流了血，一种是只懂流血的人为你流了泪。

人，最不能忘记的，是在你困难的时候拉你一把的人；最不能相信的，是在你成功的时候吹捧你的人；最不能抛弃的，是和你同创业共患难的人。

雪中送炭的人，往往是帮你的人；锦上添花的人，往往是求你的人。

为你的难过而快乐的是敌人，为你的快乐而快乐的是朋友，为你的难过而难过的是你的知己。

一 点 感 悟

Quotations of the People

为 官

领导环境是最重要的环境。

新官上任须知：首先是别出事，其次是多干事。

权和钱，都含有致癌物。

做人定要像人，做官不可像官。

有油水的地方，常常是最容易滑倒的地方。

伟大，首先在于管理自己，而不是领导别人。

做好一个单位的工作要打造三个共同体：一是利益共同体，二是事业共同体，三是命运共同体。

表扬人最好用公文，批评人最好是口头；表扬人最好当众，批评人最好单独。

一 点 感 悟

Quotations of the People

家 庭

美满的婚姻不是一辈子不吵架，而是吵架了还能生活一辈子。

遇到爱你的人，学会感恩；遇到你爱的人，学会付出。

幸福婚姻的定律。丈夫定律：第一条，太太永远是对的；第二条，如果太太错了，请参照第一条。太太定律：第一条，孩子永远是孩子，丈夫也是孩子；第二条，当丈夫引起你的不满时，请读三遍第一条。

不幸婚姻的症结是：婚前把疤痕看成酒窝，婚后把酒窝看成疤痕。

幸福婚姻是两个人的比赛，比赛的项目是看谁更宽容。

婚姻的真正价值不是成年人生下孩子，而是孩子造就了真正的成年人。

婚姻的成功取决于两点：一是找个好人，二是自己做个好人。

父母是个专业性很强的职业，可是大部分人没有经过专业培训就上岗了。

很多家长喜欢说恨铁不成钢，可钢是炼出来的，不是恨出来的。

一个男人给孩子最好的呵护，就是永远爱他的妈妈。

一 点 感 悟